Carte de bucate rapidă și ușoară pentru cani cu microunde

Descoperiți colecția supremă de peste 100 de rețete delicioase și nutritive de făcut în cana cu microunde, perfecte pentru oamenii ocupați din mers!

Valentin Rusu

Material cu drepturi de autor ©2023

Toate drepturile rezervate

Fără acordul scris corespunzător al editorului și al proprietarului drepturilor de autor, această carte nu poate fi folosită sau distribuită în niciun fel, formă sau formă, cu excepția citatelor scurte utilizate într-o recenzie. Această carte nu trebuie considerată un substitut al sfaturilor medicale, juridice sau de altă natură profesională.

CUPRINS

CUPRINS 3
INTRODUCERE 7
MIC DEJUN ȘI BRUNCH 8
   1. Omletă cu brânză la cuptorul cu microunde 9
   2. Oleă cu ș uncă 11
   3. Făină de ovăz cu ananas ș i cocos 13
   4. Bar de mic dejun cu quinoa 15
   5. Fructe de pădure ș i ovăz 17
   6. Pufuleuri fierbinț i de somon 19
   7. Toast pizza 21
   8. Toast dublu cu fructe de padure 23
   9. Făină de ovăz cu unt de arahide ș i banane 25
   10. Mic dejun Mamăliga cu fructe de pădure 27
   11. Fulgi de ovaz cu zmeuracu Maple 29
   12. Oleă cu ș uncă 31
   13. Compot cu blat de cereale 33
   14. Făină de ovăz cu ananas ș i cocos 35
   15. Brioș ă cu fructe de ovăz 37
   16. Ou poș at pe pâine prăjită 39
   17. orez bruncu date 41
   18. Bar de mic dejun cu quinoa 43
   19. Crepe de ton cu brânză 45
   20. Granola cu cireș e la microunde 47
Gustări 49
   21. Biluț e de spanac la microunde 50
   22. Câini de brânză învelite în slănină 52

23. Banane acoperite cu ciocolată 54

24. Ciorchini de nuci fructate 56

25. Covrigei Fluturi 58

26. Fructe de ciocolată 60

27. Cartofi Corny la cuptor 62

28. Nachos cu brânză 64

29. Biluțe de slănină cu brânză de capră 66

30. Chex noroi prieteni 68

31. Baton granola cu caise 70

32. Cupa cu microunde Pizza 72

33. Cheesy Dip 74

34. Hot dog cu mustar cu miere 76

SANDWICH ȘI WRAPS 78

35. Burrito cu pui și ananas 79

36. împachetări Edamame 81

37. Sandviș cu varză murată 83

38. Burger vegetal mexican 85

39. Hamburger Branza la gratar 87

MĂSURI PRINCIPALE CU MICROUNDE 89

40. Caserolă TexMex Mug 90

41. Chiftele coreene picante 92

42. Chifteluță parmezan 94

43. Pui la gratar 96

44. Mango Monday Meat Loaf 98

45. Chirintele cu ciuperci la microunde 100

46. Lasagna într-o cană 102

47. Paste pesto 104

48. Pui lipicios 106

49. Orez prăjit cu ou într-o cană 108

50. Pui parmezan 110

51. Sunca copta si mere 112

52. Fasole cu o diferenţă 114

53. Vită bourguignonne 116

54. Mazăre cu ochi negri la cuptorul cu microunde 118

55. Pui umplut cu broccoli 120

56. Varza de Bruxelles cu migdale 122

57. Pui cu ciuperci 124

58. Cuscous cuptor cu microunde 126

59. Cotlete de miel cu portocale afine 128

60. Taitei cu arahide calde 130

61. Lasagna cu mămăligă 132

62. Sloppy Joe with Pork 134

63. „Potpie" cu pui 136

64. Pui şi spaghete 138

65. Paste cu Cheddar 140

66. Caserolă cu tăiţei cu ton 142

67. Pastitsio 144

68. Carne de porc cu porumb şi ceai verde 146

69. Chiftele coreene picante 148

70. Chifteluţă parmezan 150

71. Tofu chinezesc picant 152

72. Quinoa mexicană cu porumb 154

SUPE, TOCHINE ŞI ARDEI 156

73. Supă de brânză cu broccoli 157

74. Supă de dovleac-portocale 159

75. Supă picant de linte italiană 161

76. Supă miso 163

77. Carne de vită şi chili de fasole 165

78. Tocană de paste, fasole și roșii 167

79. Tocană de dovleac și năut 169

80. Supa Tortellini 171

SALATE SI GARNURI 173

81. Dovleac ghinda cu nuci de pin 174

82. Fasole verde la abur 176

83. Broccoli la cuptorul cu microunde 178

84. Cartofi curry 180

85. Cartofi cu brânză cu ceapă 182

86. Salata de quinoa cu pesto 184

87. Salată chinezească de orez brun 186

DESERTURI CU MICROUNDE 188

88. banană braziliană 189

89. Tort funfetti pentru copii 191

90. Brownie la cuptorul cu microunde 193

91. Inele de mere scortisoara 195

92. Rocky Road Bites 197

93. Bomboane la cuptor Surpriză cu măr 199

94. Tasty Apple Crisp 201

95. Mini Tort de Ciocolata 203

96. Tort dublu cu cana de ciocolata 205

97. Prăjitură cu biscuiți cu zahăr 207

98. Briose englezești cu dovleac 209

99. Biscuit cheddar și ierburi 211

100. Plăcintă cu spaghete 213

CONCLUZIE 215

INTRODUCERE

Ești mereu în mișcare și te chinui să găsești timp să gătești o masă potrivită? Sau poate locuiți într-o cameră de cămin sau într-un apartament mic fără acces la o bucătărie completă? Dacă da, atunci această carte de bucate este pentru tine! Vă prezentăm Cartea de bucate pentru mese cu cană cu microunde, cu peste 50 de mese delicioase și ușor de preparat, care pot fi gătite în doar câteva minute folosind o cană simplă și cuptorul cu microunde. Indiferent dacă ai poftă de un mic dejun cald, de un prânz rapid sau de o cină satisfăcătoare, această carte de bucate te găsește. Spune-ți la revedere meselor plictisitoare și nesănătoase și salută opțiunile rapide, gustoase și hrănitoare pe care le poți prepara în scurt timp.

În această carte de bucate, veți găsi rețete pentru orice, de la sandvișuri și omlete la micul dejun până la supe, tocane și mâncăruri de paste. Cu Cartea de bucate pentru mese cu cani cu microunde, vei putea găti o varietate de mâncăruri delicioase folosind nimic mai mult decât o cană, un cuptor cu microunde și câteva ingrediente simple. Aceste mese sunt perfecte pentru oricine caută opțiuni de mese rapide și ușoare, care sunt, de asemenea, sănătoase și satisfăcătoare. Indiferent dacă ești un student ocupat, un profesionist sau un părinte ocupat, această carte de bucate este soluția perfectă pentru nevoile tale de masă.

MIC DEJUN ȘI BRUNCH

1. **Omletă cu brânză la cuptorul cu microunde**

Randament: 2 portii
Ingredient
- 3 ouă mari
- ⅓ cană maioneză
- 2 linguri de margarina
- ½ cană brânză Cheddar -- mărunțită
- Arpagic
- Măsline negre -- tocate

Într-un castron mai mic puneți gălbenușurile și, folosind aceleași bătători, bateți gălbenușurile, maioneza și 2 linguri de apă.

Turnați ușor amestecul de gălbenușuri peste albusuri și amestecați cu grijă.

Se topește margarina într-o farfurie de plăcintă de 9 inci și se rotește pentru a se acoperi în interior.

Turnați cu grijă ouăle în farfuria de plăcintă. Puneți la microunde la temperatură medie timp de 5 până la 7 minute

Se presară brânza mărunțită peste ouă și se pune la microunde la temperatură medie, timp de 30 de secunde până la 1 minut.

Presărați arpagicul tocat măsline, apoi treceți rapid cu o spatulă pe părțile laterale și pe fundul vasului. Îndoiți jumătate de omletă peste cealaltă jumătate. Glisați pe farfuria de servire.

2. **Ouă omletă cu şuncă**

INGREDIENTE:
- Spray de gătit antiaderent
- ½ cană șuncă delicată feliată subțire
- 3 linguri de brânză elvețiană mărunțită
- 2 oua
- 1 lingurita mustar de Dijon
- ⅛ linguriță sare cușer
- 3 felii de piper negru
- Arpagic proaspăt tocat

INSTRUCȚIUNI:
a) Pulverizați interiorul unei căni de 16 uncii cu spray de gătit.
b) Într-un castron, amestecați toate ingredientele și turnați-le în cană.
c) Acoperiți și puneți la microunde timp de 1½ minut.
d) Folosiți o furculiță pentru a sparge amestecul de ouă, apoi acoperiți din nou și puneți la microunde pentru încă aproximativ 30 de secunde.

3. <u>Făină de ovăz cu ananas și nucă de cocos</u>

INGREDIENTE:
- 1 cană lapte de cocos ușor conservat, bine agitat
- ½ cană bucăți de ananas congelate
- ½ cană de ovăz cu gătit rapid
- 1 lingură nucă de cocos neîndulcită mărunțită
- 2 lingurite sirop de artar
- ⅛ linguriță sare cușer
- 1 lingura caju tocate marunt

INSTRUCȚIUNI:
a) Amestecați într-un castron laptele de cocos, ananasul, ovăzul, nuca de cocos, siropul și sarea.
b) Se toarnă într-o cană de 16 uncii.
c) Acoperiți și puneți la microunde până devine cremoasă, aproximativ 3½ minute.
d) Se presară cu nuci.

4. Bar de mic dejun cu quinoa

INGREDIENTE:
- Spray de gătit antiaderent
- 2 linguri de ovăz cu gătit rapid
- 2 linguri de quinoa fiartă
- 2 linguri fistic tocat marunt
- 2 linguri cirese uscate indulcite
- 2 linguri ulei vegetal
- 2 linguri miere
- ¼ linguriță sare kosher

INSTRUCȚIUNI:
a) Pulverizați interiorul unei căni de 12 uncii cu spray de gătit.
b) Se amestecă toate ingredientele într-un castron, apoi se toarnă în cană.
c) Acoperiți și puneți la microunde până când ovăzul este fiert, aproximativ 3 minute.
d) Turnați amestecul fierbinte pe o bucată de pergament, modelând-o într-un baton tradițional dreptunghiular sau îngust.
e) Răciți până la rece și solid, 30 de minute sau mai mult.

5. Fructe de pădure și ovăz

INGREDIENTE:
- ¾ cană apă
- ¾ cană de ovăz rapid
- ⅓ ceasca de fructe de padure amestecate

INSTRUCȚIUNI
a) Aduceți apa la fiert într-un cuptor cu microunde
b) Scoateți, amestecați ovăzul și întoarceți-l la cuptorul cu microunde timp de 1 minut.
c) Aranjați pe o farfurie cu fructe de padure amestecate.

6. **Pufuleți fierbinți de somon**

Face: 8 portii

INGREDIENTE:
- 15½ uncii de somon conservat
- 1 cană de apă
- ½ cană de unt
- 12 picături de sos iute
- ¼ lingurita Sare
- 1 cană de făină
- 4 ouă
- 2 linguri Arpagic, tocat
- 1 cană smântână
- 1 lingură Hrean
- 2 linguri suc de lamaie
- ½ linguriță de zahăr
- ¼ lingurita Sare
- ¼ linguriță coajă de lămâie proaspăt rasă
- liniuță de piper alb

INSTRUCȚIUNI:
a) Scurgeți somonul și îndepărtați pielea și oasele.
b) Combinați apa, untul, sosul picant și sarea într-o tigaie.
c) La foc mare, aduceți la fierbere completă.
d) Adăugați toată făina.
e) Amestecați constant la foc mediu aproximativ 3 minute, sau până când sosul se îngroașă și lasă părțile laterale ale cratiței.
f) Se ia de pe foc și se bate câte 4 ouă, câte unul, până când sunt netede și lucioase.
g) Adăugați arpagicul și somonul.
h) Amesteca totul pana devine omogen. Lăsați 15 minute să se răcească.
i) Într-o tigaie, încălziți 3 inci de ulei la 370 de grade Fahrenheit.
j) Pune cu grijă lingurițe de amestec de somon în uleiul fierbinte.
k) Se prăjește timp de 3 minute, rotind din când în când, până devin aurii.
l) Scurgeți pe prosoape de hârtie, apoi serviți.

7. **Toast de pizza**

Produce: 2

INGREDIENTE:
- 2 felii de paine multicereale
- 2 linguri pasta de rosii fara sare adaugata
- ½ cană de mozzarella
- ¼ cană de ananas tocat
- 2 felii de sunca, tocate

INSTRUCȚIUNI:
a) Aranjați 2 felii de pâine pe grătarul de pe tava emailată.
b) Prăjiți pe grătarul 1 timp de 4 minute, întoarceți și grătar încă 2 minute.
c) Ungeți pâine prăjită cu pasta de roșii, și un strop de mozzarella rasă și acoperiți cu șuncă și ananas.
d) Gatiti pe Combi 1 timp de 4 minute sau pana cand branza se topeste si incepe sa se rumeneasca.
e) Tăiați și serviți cu o parte de legume și fructe tocate.

8. Toast francez dublu cu fructe de padure

- Spray de gătit antiaderent
- ¼ cană lapte
- 1 ou mare
- 1 lingura. Sirop din esență de arțar
- ⅛ linguriță. sare cușer
- ⅛ linguriță. scorțișoară măcinată
- 1 lingura extract pur de vanilie
- 1 cană bucăți de 1 inch croissant, brioșă sau rulada challah
- 1 lingura. conserve de zmeura
- 10 fructe de padure proaspete, cum ar fi zmeura, pentru servire

Pulverizați interiorul unui 12 oz. cană cu spray de gătit.

Combinați laptele, oul, 1 linguriță. de sirop, sare, scorțișoară și vanilie într-un castron mic spre mediu. Se bate bine cu o furculiță. Adăugați pâinea și amestecați, înmuiând timp de 2 minute.

Între timp, puneți conservele în cană. Pune bucățile de pâine înmuiate deasupra (aruncă orice lichid rămas).

Acoperiți și puneți la microunde până când amestecul lichid se solidifică, aproximativ 2 minute (poate fi vizibil puțin albuș). Acoperiți cu siropul rămas și fructele de pădure.

9. Făină de ovăz cu unt de arahide și banane

- ½ cană lapte
- 1 piure de banană foarte coaptă (mai puțină ½ cană)
- ¼ cană de ovăz cu gătit rapid
- 1 lingura. unt de arahide cremos
- 1 lingura Miere
- ½ linguriță. extract pur de vanilie
- ⅛ linguriță. sare cuşer
- ⅛ linguriță. scorțişoară măcinată

Combinați toate ingredientele într-un castron mic şi amestecați bine. Se toarnă într-un 12 oz. halbă.

Acoperiți şi puneți la microunde până când ovăzul este fiert, aproximativ 2 minute.

10. Mic dejun Mamăliga cu fructe de pădure

- ½ cană amestecuri de fructe de padure congelate (nedecongelate)
- 1 lingura. conserve de fructe de pădure (orice aromă)
- Aproximativ ½ tub de mămăligă prefiartă, tăiată în rondele de ½ inch grosime
- ¼ plus ⅛ linguriță. scorțișoară măcinată
- 1 lingura. lapte
- 1 lingura sirop de arțar sau miere

Se amestecă fructele de pădure și conservele într-un castron mic.

Pune o mămăligă rotundă într-un 16 oz. cană și stropiți cu ⅛ linguriță. de scortisoara. Deasupra puneți o treime din amestecul de fructe de pădure. Repetați stratificarea de încă două ori, folosind toată mămăligă, scorțișoară și fructe de pădure. Apăsați straturile și acoperiți. Pune la microunde până se fierbinte, aproximativ 4 minute

Stropiți cu lapte și sirop.

11. Fulgi de ovaz cu zmeuracu Maple

- 1 cană lapte
- ½ cană de ovăz cu gătit rapid
- ½ ceasca de zmeura proaspata ambalata
- 2 linguri. Sirop din esență de arțar
- ¼ linguriță. scorțișoară măcinată
- ⅛ linguriță. sare cușer

Într-un castron mic, amestecați toate ingredientele și turnați într-un recipient de 16 oz. halbă.
Acoperiți și puneți la microunde până când ovăzul este fiert, aproximativ 2 minute.

12. Ouă omletă cu şuncă

- Spray de gătit antiaderent
- ½ cană cubulețe de ¼ inch felii subțiri de șuncă delicată
- 3 linguri. brânză elvețiană mărunțită
- 2 ouă mari
- 1 lingura mustar Dijon
- ⅛ linguriță. sare cușer
- 3 piper negru măcinat
- Arpagic proaspăt tocat sau frunze de pătrunjel cu frunze plate (opțional)

Pulverizați interiorul unui 16 oz. cană cu spray de gătit.

Într-un castron mic, amestecați toate ingredientele și turnați în cană.

Acoperiți și puneți la microunde timp de 1½ minut. Folosiți o furculiță pentru a sparge amestecul de ouă, apoi acoperiți din nou și puneți la microunde până când ouăle sunt complet fierte, încă aproximativ 30 de secunde.

13. Compot cu blat de cereale

- ½ cană felii de piersici albe proaspete (aproximativ 1 piersică)
- ½ cană de afine proaspete
- 1 lingura Sirop din esență de arțar
- ⅛ linguriță. sare cușer
- ⅛ linguriță. scorțișoară măcinată
- ½ cană fulgi de cereale neîndulciți
- 2 linguri. migdale felii

Amestecați piersicile, afinele, siropul, sarea și scorțișoara într-un castron mic până la mediu, apoi turnați într-un recipient de 16 oz. halbă. 2. Acoperiți și puneți la microunde până când sunt calde și fragede, aproximativ 2 minute.

Presărați deasupra cerealele și nucile. Acoperiți din nou și puneți la microunde până când toppingul este ușor cald, aproximativ încă 45 de secunde.

14. Făină de ovăz cu ananas și nucă de cocos

- 1 cană lapte de cocos ușor conservat, bine agitat
- ½ cană bucăți de ananas congelate
- ½ cană de ovăz cu gătit rapid
- 1 lingura. nucă de cocos mărunțită neîndulcită
- 2 lingurite Sirop din esență de arțar
- ⅛ linguriță. sare cușer
- 1 lingura. caju tocate mărunt

Amestecați laptele de cocos, ananasul, ovăzul, nuca de cocos, siropul și sarea într-un castron mic spre mediu. Se toarnă într-un 16 oz. halbă.

Acoperiți și puneți la microunde până devine cremoasă, aproximativ 3½ minute. Se presară cu nuci.

15. Brioşă cu fructe de ovăz

- Spray de gătit antiaderent
- ¼ cană plus ½ linguriță. făină albă integrală
- 3 linguri. ovăz de gătit rapid
- ½ linguriță. praf de copt
- ¼ linguriță. scorțișoară măcinată
- ⅛ linguriță. sare cușer
- ¼ cană lapte
- 2 linguri. ulei de șofrănel
- 1 ou mare
- 1 lingura. Miere
- ½ linguriță. extract pur de vanilie
- 3 linguri. afine proaspete

Într-un castron mic, folosiți o furculiță pentru a amesteca ¼ de cană de făină, ovăzul, praful de copt, scorțișoara și sare.
Amestecați laptele, uleiul, oul, mierea și vanilia într-un castron mic. Se toarnă ingredientele uscate în cel umed și se amestecă până când se combină.
Într-un castron mic, aruncați fructele de pădure cu ½ linguriță rămasă. făină și se adaugă la aluat. Se amestecă doar până se combină. Se toarnă în cană.
Acoperiți și puneți la microunde până când sunt fierte în centru, aproximativ 2½ minute

16. Ou poşat pe pâine prăjită

- 1 ou mare
- 1 felie pâine integrală, prăjită
- 1 praf de sare cușer
- 2 piper negru măcinat
- Arpagic proaspăt tocat, avocado feliat sau roșii mici

Adăugați ½ cană de apă la un 12 oz. halbă. Spargeți ușor oul în apă (ar trebui să fie scufundat). Acoperiți cu un ramekin sau un borcan relativ greu pentru cuptorul cu microunde, care se va potrivi în interiorul cănii și rămâne deasupra oului, apăsând-l în jos

Puneți la microunde până când albul este complet opac și gătit, dar gălbenușul este încă topit, aproximativ 1 minut și 45 de secunde

Pune un prosop curat pe blat. Cu o lingură, transferați cu grijă oul poșat pe prosop pentru a se scurge. Așezați pâinea prăjită pe o farfurie și acoperiți cu oul poșat. Stropiți oul cu sare și piper și acoperiți cu arpagic, avocado și roșii, dacă doriți.

17. orez bruncu date

- ¾ de cană de orez brun fiert (bob lung sau scurt)
- ¼ cană lapte
- 3 linguri. suc proaspăt de portocale
- 1 lingura. plus 1 lingura. curmale tocate fin (aproximativ 2 mari)
- ¾ linguriță. coaja proaspata de portocala ½ lingurita. Sirop din esență de arțar
- ⅛ linguriță. scorțișoară măcinată
- ⅛ linguriță. cardamom măcinat
- ⅛ linguriță. sare cușer
- 1½ lingură. fistic, usor prajit si tocat marunt

Amestecați toate ingredientele, cu excepția fisticului, într-un castron mic până la mediu și turnați într-un recipient de 16 oz. halbă.

Acoperiți și puneți la microunde până când vasul este fierbinte, aproximativ 2 minute.

Acoperiți cu fistic.

18. Bar de mic dejun cu quinoa

- Spray de gătit antiaderent
- 2 linguri. ovăz de gătit rapid
- 2 linguri. quinoa fiartă
- 2 linguri. fistic tocat mărunt
- 2 linguri. cireșe uscate îndulcite
- 2 linguri. ulei vegetal
- 2 linguri. Miere
- ¼ linguriță. sare cușer

Pulverizați interiorul unui 12 oz. cană cu spray de gătit. Se amestecă toate ingredientele într-un castron mic până la mediu, apoi se toarnă în cană.

Acoperiți și puneți la microunde până când ovăzul este fiert, aproximativ 3 minute. 3. Turnați amestecul fierbinte pe o bucată de pergament sau hârtie cerată, modelând un dreptunghi sau un baton tradițional îngust. Răciți până la rece și solid, 30 de minute sau mai mult.

19. Crepe de ton cu brânză

Randament: 4 portii
Ingredient
- 4 crepe
- ½ cană țelină tocată
- ¼ cană ceapă tocată
- 1 conserve (7 3/4 oz) de ton, scurs
- 2 căni de broccoli congelat, tăiat
- 2 căni de brânză Cheddar măruntită

Pregătiți crepe. Puneți broccoli în 1½ qt. caserolă sigură pentru microunde.

Acoperiți și puneți la microunde conform instrucțiunilor; scurgere
Se amestecă 1 ½ cană de brânză și restul ingredientelor. Cuptorul cu microunde acoperit la maxim 1 minut.
Se pune pe crepe; rulează. Aranjați într-un vas pătrat cu microunde, 8 x 8 x 2"; stropiți cu brânză rămasă.
Acoperiți lejer cu folie de plastic și puneți la microunde la foc mare până când brânza se topește, 2 până la 3 minute⅖ Porții.

20. Granola cu cireșe la microunde

Randament: 1 porție

Ingredient
- 1 cană zahăr brun
- ¼ cană de zahăr
- ½ cană margarină moale
- 2 linguri Miere
- ½ lingurita de vanilie
- 1 ou
- 1 cană de făină
- 1 lingurita scortisoara
- ½ linguriță Praf de copt
- ¼ lingurita Sare
- 1½ cană de ovăz pentru gătit rapid
- 1¼ cană cereale de orez crocant
- 1 cană migdale mărunțite
- 1 cană Stafide
- ½ cană germeni de grâu

Ungeți o tavă de copt de 13 x 9 inchi, sigură pentru cuptorul cu microunde. Cremă zaharurile și margarina până devin pufoase
Adăugați miere, vanilie și ou; amesteca bine. Amestecați făina, praful de copt și condimentele.
La final, amestecați ingredientele uscate rămase. Se toarnă în farfurie. Puneți la microunde la 6 sau 60% timp de 7 până la 9 minute sau până când se fixează
Rotiți vasul la fiecare 3 minute. Barele se vor întări în timp ce stau.

Gustări

21. Biluțe de spanac la microunde

Produce: 24 de portii

INGREDIENTE:
- 10 uncii spanac, congelat
- ¾ cană brânză elvețiană, mărunțită
- 2 linguri Parmezan, ras
- ¼ cană pesmet uscat
- 1 lingura ceapa, rasa
- 1 ou, batut
- ½ lingurita Sare

INSTRUCȚIUNI:
a) Puneți pachetul cu spanac în cuptorul cu microunde și gătiți la foc mare timp de 4 până la 5 minute sau până când este dezghețat.
b) Scurgeți apăsând puternic pentru a extrage cât mai mult lichid
c) Se amestecă bine spanacul cu brânza elvețiană și parmezan, pesmet, ceapa, ou și sare.
d) Formați bile de 1 inch, folosind 1½ linguriță de amestec pentru fiecare bila.
e) Puneți la microunde la putere mare timp de 2 minute
f) Reduceți puterea la putere medie sau la jumătate.
g) Puneți la microunde timp de 5 minute, sau până când este fierbinte și doar se fixează, rearanjând o dată sau de două ori

22. Câini cu brânză învelite în slănină

Face: 4 portii

INGREDIENTE:
- 4 hot dog
- 4 felii Bacon
- 1 felie de brânză americană
- 4 chifle hot dog
- Muştar

INSTRUCŢIUNI:
a) Pune baconul pe gratarul cuptorului cu microunde. Acoperiţi cu un prosop de hârtie. Puneţi la microunde la putere mare timp de 3½ minute sau până când este aproape gata.
b) Începând cu ½ inch de la capăt, tăiaţi fiecare hot dog pe lungime. Tăiaţi brânza în 4 fâşii şi puneţi-le în chifle pentru hot dog.
c) Înfăşuraţi slănină în jurul hot-dog-urilor şi asiguraţi-l cu scobitori. Scurgeţi grăsimea de pe grătarul pentru bacon. Puneţi hot-dog-uri pe rafturi.
d) Acoperiţi cu un prosop de hârtie.

23. Banane acoperite cu ciocolată

Face: 1 porție

INGREDIENTE:
- 10 banane ferme de mere
- 10 frigarui plate din lemn
- 1 cană bucăți de ciocolată semidulce
- 3 linguri Scurtare

INSTRUCȚIUNI:
a) Curățați și tăiați o bucată din vârful fiecărei banane; introduceți frigărui în capetele tăiate. Pune la congelator timp de 3 ore pana se ingheta.
b) Chiar înainte de servire, puneți ciocolata și scurtarea într-un castron.
c) Puneți microunde la 50% putere timp de 2½-4 minute sau până când majoritatea pieselor sunt strălucitoare și moi; amesteca bine.
d) Scufundați imediat bananele în ciocolată, întorcându-le după cum este necesar, până când bananele sunt acoperite.
e) După servire, înfășurați și congelați toate bananele acoperite rămase

24. Ciorchini de nuci fructate

INGREDIENTE:
- 1 cană de vanilie sau chipsuri albe
- ⅓ cană de afine uscate
- ⅓ cană caju întregi sărate

INSTRUCȚIUNI:
a) Într-un castron sigur pentru cuptorul cu microunde, topește chipsurile; se amestecă până la omogenizare. Se amestecă merișoarele și caju.
b) Puneți câte o lingură pe o foaie de copt tapetată cu hârtie cerată.
c) Se da la rece până se întărește.
d) Depozitați într-un recipient etanș.

25. Covrigei Fluturi

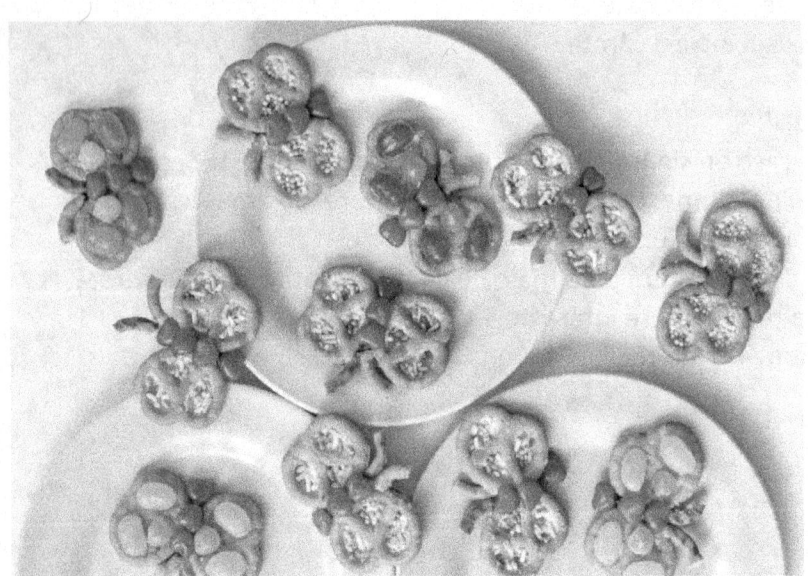

INGREDIENTE:
- Mini covrigei
- Lipiți covrigei
- 4 culori diferite de Candy Melts
- Stropire colorată

INSTRUCȚIUNI:
a) Pune bomboanele cu microunde timp de 1 minut pentru a se topi.
b) Înmuiați covrigi în culorile dorite, apoi aranjați-i împreună pe hârtie de pergament pentru a face fie un fluture, fie o libelulă.
c) Covrigeii stick merg în mijloc cu 2 sau 4 mini covrigei înclinați pe margini.
d) Presărați orice decorațiuni de bomboane distractive pe care le aveți.
e) Se lasa sa se raceasca complet pana se solidifica. Servi.

26. Fructe de ciocolată

INGREDIENTE:
- Pungă de 12 uncii de chipsuri de ciocolată semidulce
- 10 căpșuni
- 2 banane, decojite și tăiate în bucăți
- Bețișoare de frigărui

INSTRUCȚIUNI:
a) Tapetați o foaie de copt cu hârtie ceară.
b) Puneți ciocolata la microunde într-un castron sigur pentru cuptorul cu microunde la foc mic timp de 4 minute, amestecând după 1 minut. Continuați până când ciocolata se topește.
c) Înmuiați fructele, pe rând, în ciocolată topită. Asezati pe o tava tapetata cu hartie.
d) Așezați-le în frigărui și dați la rece timp de 20 de minute până când se fixează.

27. Cartofi la cuptor

INGREDIENTE:
- 1 cartof
- Ulei
- Ciupiți de sare
- 2 linguri de brânză rasă
- ⅓ ceasca de ardei gras tocati marunt
- 1 lingura boabe de porumb
- 2 linguri de smantana, maioneza sau iaurt

INSTRUCȚIUNI:
a) Ungeți cartoful cu puțin ulei și sare și înțepați-l peste tot cu o furculiță.
b) Puneți cartofii într-un bol rezistent la microunde și gătiți timp de cinci minute la foc mare până devine moale.
c) Tăiați cartoful în sferturi, dar nu tăiați pielea de jos, astfel încât să rămână împreună.
d) Presărați puțin din brânză pe fund, apoi adăugați ardeiul gras și porumbul.
e) Peste restul de brânză se pune smântâna sau maioneza.

28. Nachos cu brânză

INGREDIENTE:
- 4 uncii de chipsuri tortilla de porumb
- ½ cană salsa
- 1 cană de brânză cheddar sau jack rasă
- Toppinguri colorate, cum ar fi frunze de spanac, fasole roșie, boabe de porumb, roșii cherry și ardei gras tăiați felii

INSTRUCȚIUNI:
a) Aranjați chipsurile de porumb pe o farfurie rezistentă la microunde.
b) Întindeți salsa peste chipsurile de porumb.
c) Aranjați spanacul, fasolea, porumbul, roșiile și ardeii.
d) Presărați brânză peste ea.
e) Puneți la microunde la foc mare timp de 1½ minut până când brânza se topește.
f) Serviți cu guacamole, smântână sau salsa suplimentară.

29. Biluțe de slănină cu brânză de capră

Produce: 16

INGREDIENTE:
- 6 felii de bacon
- 4 uncii de brânză de capră
- 4 uncii de cremă de brânză
- 2 linguri de cimbru tocat sau busuioc împărțit
- ¼ lingurita piper negru
- ¼ cană nuci pecan

INSTRUCȚIUNI:
a) Prăjiți baconul într-o tigaie la foc mediu.
b) Scoateți pe o farfurie tapetată cu un prosop de hârtie pentru a se scurge.
c) Tastați feliile pentru a îndepărta excesul de grăsime.
d) În timp ce slănina se gătește, amestecați brânza de capră, crema de brânză, 1 lingură de ierburi și piper negru în robotul de bucătărie.
e) Se amestecă până devine cremoasă.
f) Pune bilele pe o tavă de copt tapetată cu pergament.
g) Dam la congelator 20 de minute pentru a se intari putin.
h) Curățați robotul de bucătărie. Se sfărâmă în baconul răcit, lingura rămasă de ierburi și nucile pecan.
i) Se amestecă până când este fin și sfărâmicios; ar trebui să fie la fel de fin pe cât îl va face robotul de bucătărie.
j) Scoateți biluțele de brânză din congelator și rulați-le în amestecul de bacon, apăsând-o cu degetele dacă nu se lipește imediat.
k) Așezați biluțele într-un recipient pe părțile lor și dați-le la frigider până la servire. Serviți pe scobitori sau cu biscuiți.

30. Chex noroi prieteni

Randament: 9 căni

Ingredient
- 9 căni de cereale marca Chex
- 1 cană Chips de ciocolată semi-dulce
- ½ cană de unt de arahide REESE'S
- ¼ cană margarină sau unt
- 1 lingurita extract de vanilie
- 1½ cană de zahăr pudră C&H (opțional)

Turnați cerealele într-un castron mare; pus deoparte.

Într-un vas de 1 litru care poate fi utilizat în cuptorul cu microunde, combinați cipurile de ciocolată HERSHEY'S, untul de arahide REESE'S și margarina. Puneți la microunde la foc mare 1 până la 1 minut și jumătate sau până când se omogenizează, amestecând după 1 minut
Se amestecă vanilia.
Se toarnă amestecul de ciocolată peste cereale, amestecând până când toate bucățile sunt acoperite uniform. Turnați amestecul de cereale într-o pungă mare de plastic resigilabilă GLAD-LOCK cu zahăr pudră C&H. Sigilați bine și agitați până când toate piesele sunt bine acoperite. Se întinde pe hârtie cerată să se răcească. >>> Continuat la mesajul următor

31. Baton granola cu caise

- 2 linguri. ovăz de gătit rapid
- 2 linguri. quinoa fiartă
- 2 linguri. caise uscate tocate mărunt
- 1 lingura. caju tocate mărunt
- 1 lingura. nucă de cocos mărunțită neîndulcit2 linguri. ulei vegetal
- 2 linguri. Sirop din esență de arțar
- ¼ linguriță. sare cușer

Pulverizați interiorul unui 12 oz. cană cu spray de gătit. 2. Într-un castron mic spre mediu, amestecați toate ingredientele. Turnați amestecul în cană.

Acoperiți și puneți la microunde până când ovăzul este fiert, aproximativ 3 minute.

Turnați amestecul fierbinte pe o bucată de pergament sau hârtie cerată, modelând un dreptunghi sau o bară îngustă tradițională. Dați la frigider până când este rece și solid, 30 de minute sau mai mult.

32. Cana cu microunde Pizza

Produce: 1

INGREDIENTE:
- 4 linguri de făină universală
- ⅛ linguriță de praf de copt
- 1/16 lingurita de bicarbonat de sodiu
- ⅛ linguriță sare
- 3 linguri lapte
- 1 lingura ulei de masline
- 1 lingura sos marinara
- 1 lingură generoasă de brânză mozzarella mărunțită
- 5 mini pepperoni
- ½ linguriță ierburi italiene uscate

INSTRUCȚIUNI:
a) Amestecați făina, praful de copt, bicarbonatul de sodiu și sarea într-o cană care poate fi folosită la microunde.
b) Adăugați laptele și uleiul apoi amestecați.
c) Puneți cu lingură sosul marinara și întindeți-l pe suprafața aluatului.
d) Se presară brânză, pepperoni și ierburi uscate
e) Puneți la microunde timp de 1 minut și 20 de secunde sau până când crește și topping-ul clocotește.

33. Cheesy Dip

INGREDIENTE:
- 4 uncii de cremă de brânză
- 1½ cani de branza cheddar rasa
- 1 lingura de sos dulce chili
- Morcovi, telina, rosii si castraveti, feliate subtiri

INSTRUCȚIUNI:
a) Puneți crema de brânză și brânza rasă într-un vas rezistent la microunde și gătiți la setarea „jos" sau „topire" timp de un minut.
b) Adăugați sosul chili și amestecați bine.
c) Serviți cu legume pentru înmuiere.

34. Hot dog cu mustar cu miere

INGREDIENTE:
- 1 hot dog, tăiat în 8 felii
- ¼ cană de brânză mozzarella mărunțită
- 2 linguri muștar cu miere

INSTRUCȚIUNI:
a) Amestecă toate ingredientele într-o cană de 12 uncii.
b) Acoperiți și gătiți până când hot dog-ul este fierbinte și brânza se topește aproximativ 2½ minute.

SANDWICH ȘI WRAPS

35. Burrito cu pui și ananas

INGREDIENTE:
- ½ cană de pui mărunțit, fără piele
- 3 linguri salsa de calitate superioara
- 2 linguri de fasole neagra conservata, clatita si scursa
- 2 linguri de ceapa rosie tocata marunt
- 2 linguri de ananas proaspăt tăiat cubulețe
- 2 linguri de ardei gras tocati marunt
- ¼ linguriță de chimen măcinat
- ¼ linguriță sare kosher
- tortilla de grâu de 6 inci

INSTRUCȚIUNI:
a) Într-un castron, amestecați toate ingredientele, mai puțin tortilla.
b) Se toarnă într-o cană de 12 uncii.
c) Acoperiți și puneți la microunde până când ceapa este moale, aproximativ 2 minute.
d) Așezați tortilla pe o farfurie și acoperiți-o cu un prosop curat de bucătărie.
e) Pune la microunde până se încălzește, aproximativ 20 de secunde
f) Turnați umplutura pe tortilla și rulați-o.

36. Edamame împachetează

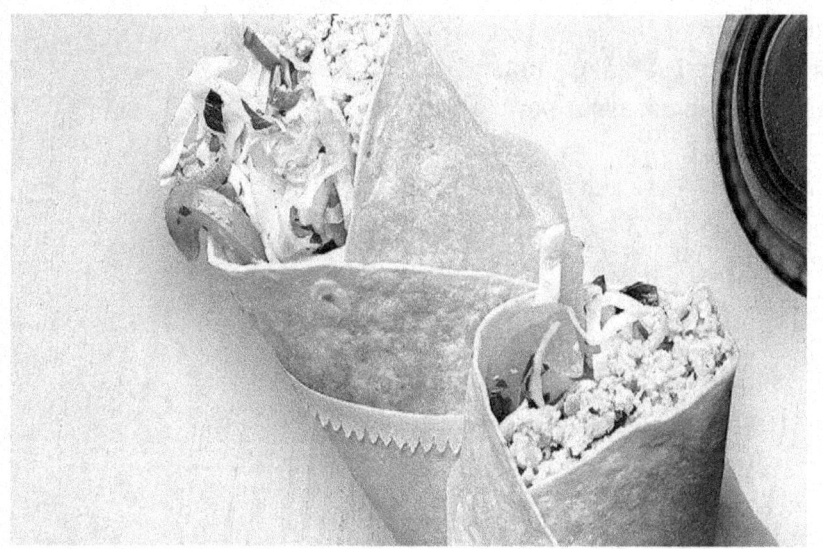

INGREDIENTE:
- 6 linguri Edamame hummus
- 2 tortilla de faina
- ½ cană morcovi și varză mărunțiți
- 1 cană de spanac proaspăt pentru copii
- 6 felii de roșii
- 2 linguri sos de salata zeita verde

INSTRUCȚIUNI:
a) Întindeți hummus peste fiecare tortilla.
b) Strat cu varză și morcovi, spanac și roșii.
c) Stropiți cu dressing.
d) Înfășurați strâns.
e) Se încălzește timp de 2 minute la cuptorul cu microunde.

37. Sandviș cu varză murată

INGREDIENTE:
- 4 felii groase de paine frantuzeasca
- 1 lingura de unt
- 4 felii de bologna
- 4 felii de salam
- Cutie de 16 uncii de varză murată
- 1 cană de brânză Mozzarella, măruntită

INSTRUCȚIUNI:
a) Intindeti unt pe paine frantuzeasca si adaugati o felie de bologna si salam.
b) Adauga varza murata si branza.
c) Puneți pe o farfurie potrivită pentru cuptorul cu microunde și puneți la microunde timp de 3 minute sau până se încălzește.

38. Burger vegetal mexican

- ½ cană de fasole pinto conservată, clătită și scursă
- ¼ cană pesmet de grâu integral simplu
- ¼ cană salsa
- ¼ cană morcovi rași fin
- 1 lingura. ceai verde tăiat felii subțiri
- ½ avocado, feliat
- Chiflă de hamburger, pentru servire (opțional)

Într-un castron mediu, zdrobiți împreună fasolea pinto, pesmetul, salsa, morcovii și ceai verde cu un zdrobitor de cartofi. Cu mâinile, formați o minge și puneți-o într-un recipient de 16 oz. halbă.

Acoperiți și puneți la microunde până ce ceaiele sunt moi și burgerul este fierbinte, aproximativ 2 minute. Acoperiți cu feliile de avocado. Dacă doriți, serviți pe o chiflă de hamburger.

39. Hamburger Branza la gratar

INGREDIENTE:

- 1 chiflă de hamburger, împărțită
- 1 linguriță de muștar galben deli, împărțit
- ¼ cană brânză Cheddar mărunțită, împărțită
- 1 lingura lapte

INSTRUCȚIUNI:

a) Împărțiți muștarul între ambele jumătăți de chiflă, răspândindu-l uniform.
b) Puneți o jumătate de chiflă într-o cană de 12 uncii, cu partea de muștar în sus.
c) Acoperiți cu jumătate din brânză.
d) Puneți cealaltă jumătate de chiflă deasupra, cu partea de muștar în sus.
e) Acoperiți cu brânza rămasă, apoi turnați laptele deasupra.
f) Acoperiți și puneți la microunde până când brânza se topește, aproximativ 3 minute.

MĂSURI PRINCIPALE CU MICROUNDE

40. Caserolă cu cană TexMex

Randament: 4 portii
Ingredient
- 1 kg carne de vită tocată
- 1 ceapa medie, tocata
- ½ (1 25 oz) amestec de condimente pentru taco
- ½ borcan de salsa (15 până la 16 oz).
- ¼ cană smântână
- 1½ cană tortilla sau chipsuri de porumb
- ¼ cană Cheddar ras

Într-un castron mediu, combinați carnea de vită, ceapa și amestecul de condimente pentru taco; gătiți, acoperit la mare timp de 4 până la 6 minute, până când carnea de vită nu mai este roz, amestecând o dată la jumătatea gătitului.

Se amestecă salsa și smântână. 2. Într-o caserolă de 1 litru și jumătate, puneți un strat de jumătate din amestecul de carne, toate chipsurile de tortilla, apoi amestecul de carne rămas.

Gatiti, acoperit, 1-2 minute, pana se fierbe

Descoperi; se presară cu brânză. Gatiti 1-2 minute pana cand branza se topeste. Sugestie de servire: acoperiți cu orice preparat preferat pentru taco: salată verde mărunțită, roșii tocate, felii de avocado.

41. Chiftele coreene picante

INGREDIENTE:
- 2 linguri de sos coreean gochujang
- ½ linguriță de ghimbir proaspăt tocat
- ½ linguriță suc proaspăt de lămâie
- ½ linguriță de sos de soia cu conținut scăzut de sodiu
- ½ lingurita miere
- 4 chiftele congelate prefierte

INSTRUCȚIUNI:
a) Amestecă împreună sosul gochujang, ghimbirul, sucul de lămâie, sosul de soia și mierea într-o cană de 12 uncii.
b) Adăugați chiftelele și amestecați pentru a se combina.
c) Acoperiți și puneți la microunde până când centrele chiftelelor sunt fierbinți, aproximativ 4 minute.

42. Chiftelă parmezan

INGREDIENTE:
- ¼ cană plus 2 linguri de sos marinara
- 3 linguri de brânză mozzarella mărunțită
- 1 lingură brânză Parmigiano-Reggiano rasă fin
- 4 chiftele congelate prefierte
- 1 rulou, despicat și prăjit

INSTRUCȚIUNI:
a) Într-un castron, amestecați sosul marinara, ambele tipuri de brânză și chiftele și turnați într-o cană de 12 uncii.
b) Acoperiți și puneți la microunde până când centrele chiftelelor sunt fierbinți, aproximativ 4 minute.
c) Se toarnă peste pâine.

43. **Pui la gratar**

INGREDIENTE:
- 4 piept de pui
- ½ cană sos grătar
- ¼ cană de brânză cheddar
- 3 linguri bucati de bacon

INSTRUCȚIUNI:
a) Pune pieptul de pui într-un vas de cuptor cu microunde.
b) Top cu sos.
c) Gatiti la cuptorul cu microunde timp de 5 minute.
d) Stropiți cu brânză cheddar și bucăți de bacon.
e) Gatiti in cuptorul cu microunde inca 3 minute.

44. Pâine de carne de luni mango

INGREDIENTE:
- 1 kilogram de carne de vită macră
- 1 cană de mango tocat
- 1 cană pesmet
- 1 ou
- 1 ceapă, rasă
- sare si piper dupa gust

INSTRUCȚIUNI:
a) Combinați toate ingredientele într-un bol și combinați cu mâinile.
b) Se formează o pâine și se pune într-o tavă de sticlă.
c) Acoperiți cu hârtie cerată pentru microunde și gătiți în cuptorul cu microunde timp de 18 minute.

45. Chirintele cu ciuperci la cuptorul cu microunde

INGREDIENTE:
- ¼ cană de amidon de porumb
- 2½ căni supă de vită
- Borcan de 6 uncii de ciuperci feliate
- 4 lingurite sos Worcestershire
- 1 linguriță cauțiune uscată
- 1 ou
- ½ cană pesmet
- 1 ceapă, rasă
- ½ linguriță sare de sezon
- ¼ lingurita piper
- 1½ kilograme de carne de vită tocată

INSTRUCȚIUNI:
a) Amestecați amidonul de porumb și bulionul de vită într-o caserolă potrivită pentru cuptorul cu microunde.
b) Se amestecă ciupercile, sosul Worcestershire și busuioc.
c) Într-un castron separat, amestecați și amestecați oul, pesmetul, ceapa, sare și piper.
d) Adăugați carne de vită măcinată în amestecul de pesmet.
e) Amestecați până când puteți forma 6 chiftele și puneți-le într-o tavă potrivită pentru cuptorul cu microunde.
f) Puneți chiftelele cu microunde la foc mare timp de 7 minute sau până când chiftelele sunt gătite.
g) La jumătatea gătitului, întoarceți chiftelele.

46. Lasagna într-o cană

INGREDIENTE:
- 2 foi de lasagna de paste, gata de servire
- 6 uncii de apă
- 1 lingurita ulei de masline sau spray de gatit
- 3 linguri Sos pizza
- 4 linguri Ricotta sau branza de vaci
- 3 linguri Spanac
- 1 lingură brânză Cheddar
- 2 linguri cârnați fierți

INSTRUCȚIUNI:
a) Rupeți foile de lasagna și puneți-le corect în interiorul cănii.
b) Pulverizati cu ulei de masline, evita sa se lipeasca.
c) Acoperiți lasagna cu apă.
d) Gatiti 4 minute in cuptorul cu microunde sau pana cand pastele par fragede.
e) Scoateți apa și lăsați pastele deoparte.
f) În aceeași cană, adăugați într-o cană sosul de pizza și niște paste.
g) Adăugați spanacul, ricotta și cârnații în straturi.
h) Presărați brânză cheddar deasupra.
i) Continuați din nou straturile începând cu paste.
j) Puneți în cuptorul cu microunde și acoperiți cu un capac care poate fi utilizat în cuptorul cu microunde.
k) Gatiti in cuptorul cu microunde timp de 3 minute.
l) Lasam sa se raceasca 2 minute si savuram.

47. Paste pesto

INGREDIENTE:

- 225 g paste uscate răsucite
- 1 cană brânză rasă
- 6 roșii cherry, tăiate la jumătate

PESTO

- 1 legătură de busuioc proaspăt
- ¼ cană nuci de pin
- ½ cană de parmezan proaspăt ras
- 40 ml ulei de măsline extravirgin
- Vârf de cuțit de sare

INSTRUCȚIUNI:

a) Pentru a găti pastele puneți 225 g de paste răsucite într-un bol cu microunde.
b) Se toarnă peste 1 l de apă clocotită. Adăugați 15 ml ulei și colorant alimentar și apoi acoperiți.
c) Gatiti 1000W timp de 8-10 minute amestecand la jumatate. Alternativ, puteți folosi paste gătite rămase.
d) Între timp, pentru a face pesto, combinați toate ingredientele într-un robot de bucătărie. Procesați până când obțineți o consistență de pastă. Congelați orice pesto rămas.
e) Într-un vas pătrat de sticlă, care poate fi folosit la microunde, combinați pastele fierte și ¼ de cană de pesto, presărați peste ½ cană de brânză rasă și roșiile cherry.
f) Folosește funcția de cuptor cu microunde pentru a găti timp de 4 minute sau până când brânza se topește.
g) Scoateți din cuptorul cu microunde și lăsați să se răcească puțin înainte de a servi cu câteva legume și fructe tocate.

48. Pui lipicios

INGREDIENTE:
- 1 lingura ulei de masline
- 2 linguri de sos de soia cu sare redusă
- 1 lingura sirop de artar pur
- ¼ cană miere
- 750 g tobe de pui

INSTRUCȚIUNI:
a) Amestecați uleiul de măsline, sosul de soia, siropul de arțar și mierea pentru a face marinada.
b) Puneți puiul într-un vas de sticlă rezistent la microunde și turnați peste marinată.
c) Se amestecă pentru a se combina și dacă ai timp se lasă la frigider pentru cel puțin 1 oră.
d) Așezați vasul de sticlă pe tava emailată și gătiți timp de 30 de minute, întorcându-se la marcajul de 15 minute pentru a obține acea consistență lipicioasă maro auriu.
e) Scoateți din cuptorul cu microunde și lăsați să se răcească puțin înainte de a servi cu câteva legume și fructe tocate.

49. Orez prăjit cu ou într-o cană

Face: 1 porție

INGREDIENTE:
- 1 cană de orez iasomie fiert
- 2 linguri de mazăre congelată
- 2 linguri de ardei rosu tocat
- ½ tulpină de ceapă verde, tăiată felii
- 1 praf de muguri de fasole mung
- 1 praf de varză mov mărunțită
- 1 ou
- 1 lingură sos de soia cu conținut scăzut de sodiu
- ½ lingurita ulei de susan
- ½ lingurita praf de ceapa
- ¼ de linguriță de pudră cu cinci condimente

INSTRUCȚIUNI:
a) Pune orezul într-o cană.
b) Așezați deasupra mazărea, ardeiul roșu, ceapa verde, mugurii de fasole mung și varza.
c) Acoperiți cana cu folie alimentară.
d) Folosind un cuțit, perforați găuri prin film.
e) Puneți la microunde la putere maximă timp de 1 minut și 15 secunde.
f) Între timp, bateți oul și amestecați în sos de soia, ulei de susan, praf de ceapă și pudră de cinci condimente.
g) Se toarnă amestecul de ouă în cană și se amestecă cu legumele și orezul
h) Acoperiți cana din nou cu folie alimentară și puneți la microunde timp de 1 minut 15 secunde până la 1 minut 30 de secunde.
i) Scoateți cana din cuptorul cu microunde și amestecați totul bine.
j) Lăsați orezul prăjit să stea un minut pentru a termina de gătit.
k) Folosiți o furculiță pentru a pufosi orezul și serviți.

50. Pui parmezan

Randament: 4 portii
Ingredient
- 4 jumătăți de piept de pui, decojite, dezosate
- 1 ou
- ½ cană parmezan ras
- ⅓ cană pesmet uscat, condimentat
- Oregano, boia de ardei, sare
- 1 ceapa mare, tocata grosier
- 1 cățel de usturoi, tocat
- 1 conserve (15 oz) de roșii
- ½ cană măsline, fără sâmburi, coapte, feliate
- ⅓ cană frunze de busuioc
- 3 linguri de unt

În farfuria de plăcintă, încălziți 2 linguri de unt la maxim 45 de secunde sau până se topește. Se răcește ușor; bate in ou. Pe hârtie cerată, amestecați parmezanul, pesmetul, oregano și boia de ardei.

Scufundați cotletele în amestecul de unt, apoi ungeți-le cu firimituri. Într-o tavă de copt de 9 x 13 inci, gătiți cotlet, acoperit cu hârtie cerată, la maxim 6 până la 8 minute, rearanjand la jumatatea gătitului. Lasă să stea 5 minute.

Între timp, într-un castron de 1½ litru, gătiți ceapa, usturoiul și 1 lingură de unt la foc mare timp de 4 minute, amestecând o dată. Adăugați roșiile cu ½ cană lichid de roșii, măsline, busuioc și sare. Gatiti la foc maxim 2-3 minute.

51. Sunca copta si mere

Randament: 6 portii
Ingredient
- 3 căni de șuncă; fierte și tăiate cubulețe
- Câte 3 mere de gătit
- ½ cană zahăr brun; bine ambalat
- 2 linguri făină universală
- 2 linguri suc de lamaie
- 1 lingura de mustar preparat
- 1 lingurita coaja rasa de portocala
- 1 lingura patrunjel; tocat, proaspăt

Combină primele 7 ingrediente; amestecand bine. Turnați amestecul într-o caserolă de 2 litri și acoperiți cu folie de plastic rezistentă

Puneți la microunde la foc mare timp de 7 până la 9 minute sau până când merele sunt fragede, amestecând amestecul după 4 minute. Deasupra presara patrunjel.

52. Fasole cu o diferență

Randament: 1 porție
Ingredient
- 2 căni de fasole verde fiert
- 2 linguri smantana
- 2 linguri crema de branza
- ¼ linguriță pudră de curry
- 2 ceapa primavara (sau arpagic)
- ¼ lingurita Sare

Se amestecă toate ingredientele, cu excepția fasolei. Puneți într-o cană de sticlă. Se încălzește la foc mare 30-40 de secunde. Se toarnă peste fasole, se amestecă dacă se dorește.
Dacă gătiți în mod convențional, încălziți la foc foarte mic.

53. Vită bourguignonne

Randament: 8 portii
Ingredient
- Mandrină de vită dezosată de 2 kg
- ¼ cană făină universală nealbită
- 1⅓ cană morcovi tăiați felii
- 14½ uncie roșii
- 1 Med. frunza de dafin
- 1 amestec de supă plic
- ½ cană de vin roșu
- 8 uncii de ciuperci
- 8 uncii tăiței cu ou medii sau lați

Într-o caserolă de 2 litri, amestecați carnea de vită cu făină, apoi coaceți neacoperit 20 de minute. Adaugă morcovi, roșii și frunza de dafin, apoi adaugă amestecul de supă de ceapă, amestecat cu vin. Coaceți, acoperit, 1 oră și jumătate sau până când carnea de vită este fragedă. Adăugați ciupercile și coaceți acoperit încă 10 minute. Îndepărtați frunza de dafin.
Între timp, gătiți tăițeii conform instrucțiunilor de pe ambalaj.

54. Mazăre cu ochi negri la cuptorul cu microunde

Randament: 4 portii
Ingredient
- 1 pachet (10 oz) mazăre congelată
- ¼ cană apă
- picurături de slănină; unt sau șuncă

Pune toate ingredientele într-o caserolă de 1 litru. Coaceți la cuptorul cu microunde 10-11 minute.

55. Pui umplut cu broccoli

Randament: 4 portii
Ingredient
- 1 pachet broccoli tocat congelat; gânguri
- 2 cepe verzi; tocat
- 4 uncii de brânză Monterey Jack
- 3 piept de pui întregi mari
- 3 felii (1 Oz.) sunca fiarta; tăiat în jumătate
- 1 cană pesmet proaspăt
- 1 lingura de patrunjel
- ½ linguriță Boia
- 3 linguri de margarina; topit
- 1 lingura Faina
- ¼ lingurita Sare
- ⅛ linguriță de piper
- 1 cană de lapte

Toarnă fiecare piept de pui la ¼ de inch și pune pe fiecare 1 bucată de șuncă și o cantitate egală de amestec de broccoli.
În farfurie de plăcintă sau pe hârtie cerată, combinați pesmetul, pătrunjelul și boia de ardei.
Ungeți puiul cu margarină, folosind aproximativ 1 lingură. Acoperiți puiul cu pesmet asezonat.
Într-o tavă de copt de 9x13 inci, puneți puiul. Gătiți acoperit lejer cu hârtie cerată la putere mare 100% 10 până la 12 minute.
Se pune sos în jurul puiului

56. Varza de Bruxelles cu migdale

Randament: 4 portii
Ingredient
- 1 kg varza de Bruxelles congelata
- 3 linguri migdale taiate
- ¼ cană unt
- 2 linguri suc proaspăt de lămâie
- Sare si piper
- 1 lingurita suc de lamaie
- ½ linguriță coajă de lămâie rasă
- 1 praf de ienibahar

Puneți mugurii congelați într-o tavă cu ¼ de cană de apă. Acoperiți și puneți la microunde la foc mare timp de 10 minute.

Răspândiți migdalele tăiate pe o farfurie și puneți-le la microunde timp de 3 până la 4 minute la putere MARE, întorcându-le o dată sau de două ori în timpul gătirii, până când devin maro auriu.

Pune untul într-un castron și topește-l în cuptorul cu microunde timp de 1-½ minut la MAX. Adăugați sucul de lămâie. Se condimentează cu sare și piper.

Scurgeți mugurii. Se pune intr-un vas cu legume si se toarna peste unt de lamaie; amesteca bine. Presărați migdalele tăiate și serviți fierbinți.

57. Pui cu ciuperci

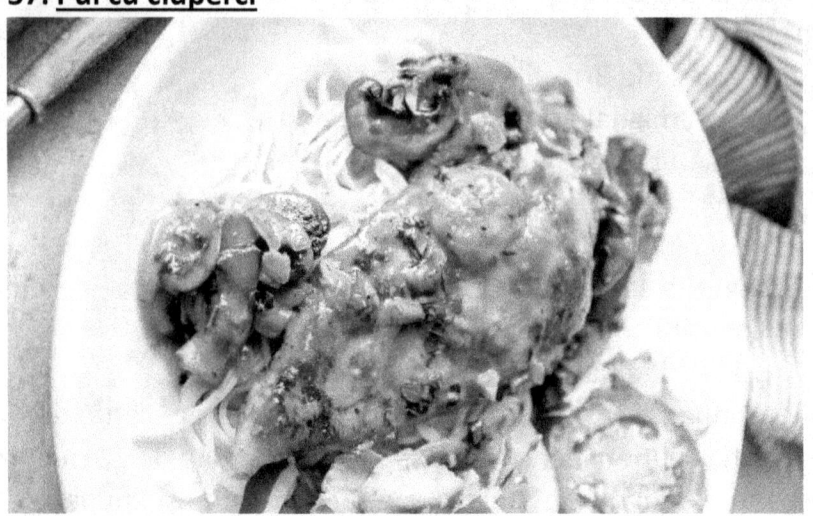

Randament: 5 portii
Ingredient
- 3 linguri făină universală
- ½ lingurita Sare
- ¼ lingurita Piper
- 4 Piept de pui dezosat
- 2 linguri de unt nesarat, impartite
- 1 lingura ulei vegetal
- 6 uncii ciuperci proaspete, feliate
- ¼ cană vin Marsala
- ¼ cană supă de vită
- 2 lingurițe amidon de porumb

Combinați făina, sarea și piperul pe o bucată de hârtie cerată. Trageți puiul în amestecul de făină pentru a se îmbrăca bine. Încinge 1 lingură de unt și ulei vegetal într-o tigaie mare și grea la foc moderat. Se adauga puiul si se rumeneste pe ambele parti. Se calesc ciupercile si se adauga vinul Marsala.

Pune puiul într-o tavă de copt cu microunde. Se toarnă peste tot amestecul de ciuperci-vin. Gatiti 6-8 minute

Se amestecă bulionul și amidonul de porumb într-un castron mic până se omogenizează. Se amestecă în lichidul din vasul de copt. Se gătește, neacoperit, la 100% putere timp de 2 până la 3 minute

58. Cuscous cuptor cu microunde

Randament: 1 porție
Ingredient
- 1 cană de cușcuș
- ¼ linguriță de ienibahar -- opțional
- 1 lingura ulei de masline
- 1½ cană apă
- ¼ lingurita Piper -- proaspat macinat

Combinați cușcușul și uleiul într-o caserolă de 2 litri rezistentă la microunde și amestecați până când toate boabele sunt bine acoperite. Acest lucru le împiedică să se lipească împreună. Adăugați piper și ienibahar, dacă doriți.

Cuptor cu microunde, descoperit la maxim timp de 1 minute Amesteca bine. Se toarnă apă și se amestecă.

Pune la cuptorul cu microunde, descoperit, la putere maximă până când apa este absorbită și boabele sunt fragede, 2 până la 3 minute

59. Cotlete de miel cu portocale afine

Randament: 4 portii
Ingredient
- 4 cotlete de miel, tăiate
- 1-1/2 inci
- Sos gros de rumenire
- ½ cană ceapă tocată
- 1 cană suc de portocale
- 1 cană Merișoare proaspete sau congelate
- ½ cană de zahăr
- 1 lingura Faina
- 1 lingură muştar de Dijon
- 1 lingurita coaja de portocala rasa
- ½ linguriță de ienibahar

Într-un vas rotund de 9 inchi, puneți carnea de miel; ungeți cu sos pentru rumenire şi acoperiți cu ceapă. Fierbeți la putere medie mare 70% în cuptorul cu microunde timp de 12 minute, răsturnând o dată. Scurgeți. Puneți ingredientele rămase într-o ceaşcă mare de măsurat din sticlă. Gatiti la putere mare. la microunde timp de 6 minute sau până când dă în clocot, amestecând de două ori.Toarnă sosul peste carne de miel.Se poate congela în acest moment
A găti; gătiți la putere medie mare timp de 5 minute

60. Taitei Calzi cu Arahide

- Spray de gătit antiaderent
- 2 linguri. unt de arahide cremos
- 1 lingura. oțet de orez neasezonat
- 1 lingura ulei de susan
- 1 lingura sos de soia cu conținut scăzut de sodiu
- 1 lingura Miere
- 2 lingurite ceai verde tăiat felii subțiri
- ⅛ linguriță. ghimbir proaspăt ras
- 1½ cani ambalate fettuccini sau linguini din grâu integral
- 1 lingura. arahide prajite, tocate marunt

Pulverizați interiorul unui 12 oz. cană cu spray de gătit.

Adăugați în cană untul de arahide, oțetul, uleiul, sosul de soia, mierea, jumătate din ceai și ghimbirul și amestecați bine.

Acoperiți și puneți la microunde până la omogenizare, aproximativ 30 de secunde; se amestecă. Se amestecă tăițeii, se acopera și se pune la microunde până se încălzește, aproximativ încă un minut.

Acoperiți cu ceaiurile și alunele rămase.

61. Lasagna cu mămăligă

- Spray de gătit antiaderent
- 1 cană sos marinara de înaltă calitate
- Aproximativ ½ tub de mămăligă prefiartă, tăiată în trei rondele de ½ inch grosime
- 3 linguri. plus 1 lingura. brânză mozzarella măruntită

Pulverizați interiorul unui 16 oz. cană cu spray de gătit.

Adăugați ¼ de cană de sos pe fundul cănii, apoi adăugați o rundă de mămăligă, apoi 1 lingură. a brânzei. Repetați stratificarea de încă două ori. Adăugați ¼ de cană de sos rămasă, apoi 1 linguriță rămasă. de brânză.

Acoperiți și gătiți până se încinge, aproximativ 3 minute.

62. Sloppy Joe cu carne de porc

- 1 cana carne de porc macinata fiarta
- 3 linguri. ketchup
- 2 linguri. ceai verde tăiat felii subțiri
- 1 lingura. muștar galben
- ⅛ linguriță. sare cușer
- 1 chiflă de burger din grâu integral, prăjită

Într-un castron mic, amestecați carnea de porc, ketchup-ul, ceaiul verde, muștarul și sarea; se toarnă într-un 16 oz. halbă. Acoperiți și puneți la microunde până se fierbinte, aproximativ 2 minute. Se pune pe jumătatea inferioară a chiflei prăjite, apoi se acoperă cu partea de sus.

63. Placinta de pui la oala"

- ½ cană rotiserie mărunțită sau pui fript (cu pielea îndepărtată)
- ½ cană de legume amestecate congelate (cum ar fi mazăre și morcovi), dezghețate și scurse
- 2 linguri. brânză Cheddar mărunțită
- 3 linguri. lapte
- 1 lingura. mărar proaspăt tocat mărunt
- ¼ linguriță. sare cușer
- 4 felii de piper negru
- ½ biscuit, lăsat intact sau mărunțit
- ⅛ linguriță. paprika

Într-un castron mic, amestecați puiul, legumele, brânza, 2 linguri. din lapte, mărar, sare și piper. Se toarnă într-un 16 oz. cană și împachetează. Acoperiți cu biscuiți, apoi stropiți cu restul de 1 lingură. de lapte și stropiți cu boia de ardei.

Acoperiți și puneți-le la microunde până când „oala" este fierbinte, aproximativ 3 minute.

64. Pui și spaghete

- Spray de gătit antiaderent
- ½ cană rotiserie mărunțită sau pui fript (cu pielea îndepărtată)
- ½ cană de spaghete din grâu integral fierte
- ¼ cană sos marinara
- ¼ cană de brânză mozzarella mărunțită
- ¼ linguriță. oregano uscat
- ⅛ linguriță. sare cușer

Pulverizați interiorul unui 12 oz. cană cu spray de gătit.
Într-un castron mic, amestecați toate ingredientele, apoi turnați în cană.
Acoperiți și puneți la microunde până se fierbinte, aproximativ 2 minute.

65. Paste cu Cheddar

- ¼ cană lapte, ideal 2% sau întreg
- ½ cană de brânză Cheddar măruntită
- 1 lingura. unt nesarat
- ⅛ linguriță. sare cușer
- 1 cană macaroane coate din grâu integral fierte

Într-un 12-oz. cana, pune laptele la microunde pana se fierbe, aproximativ 30 de secunde. Se amestecă imediat brânza, untul și sarea până când sunt relativ netede. Se amestecă pastele.

Acoperiți și puneți la microunde până când brânza se topește și pastele sunt calde, 2 până la 3 minute. Se amestecă din nou.

66. Caserolă cu tăiței cu ton

- ½ cană macaroane coate din grâu integral fierte
- 3 linguri. Cheddar mărunțit sau brânză elvețiană
- 3 linguri. lapte
- 2 linguri. ceai verde tăiat felii subțiri
- ½ linguriță. mustar Dijon
- ⅛ linguriță. sare cușer
- 3 felii de piper negru
- 1 lingura. pesmet simplu din grâu integral
- 1 lingura ulei de masline

Într-un castron mic, amestecați tonul, pastele, brânza, laptele, ceaiul verde, muștarul, sarea și piperul, rupând tonul cu o furculiță. Se toarnă într-un 12 oz. halbă.

Acoperiți și puneți la microunde până când brânza se topește, aproximativ 2 minute.

Într-un castron mic, amestecați pesmetul și uleiul. Se presara deasupra.

67. Pastitsio

- Spray de gătit antiaderent
- ¾ cană macaroane coate din grâu integral fierte
- ½ cană carne tocată de vită fiartă
- ¼ cană de mozzarella mărunțită
- 3 linguri. pasta de tomate
- 2 linguri. supa de pui
- ⅛ linguriță. cimbru uscat
- ⅛ linguriță. scorțișoară măcinată
- ⅛ linguriță grămadă. sare cușer
- 3 felii de piper negru

Pulverizați interiorul unui 16 oz. cană cu spray de gătit.

Într-un castron mic, amestecați toate ingredientele și turnați în cană.

Acoperiți și puneți la microunde până când brânza se topește, aproximativ 2 minute.

68. Carne de porc cu porumb și ceai verde

- 1 cana carne de porc macinata fiarta
- ½ cană boabe de porumb proaspete sau congelate, dezghețate și scurse
- 2 linguri. pasta de tomate
- 1 lingura. plus 1 lingura. ceai verde tăiat felii subțiri
- 1 lingura suc proaspăt de lămâie
- ¼ linguriță. sare cușer
- ⅛ linguriță. chimen măcinat
- ⅛ linguriță. pudra de chili
- 3 felii de piper negru

Într-un castron mic, amestecați toate ingredientele și turnați într-un recipient de 16 oz. halbă.

Acoperiți și puneți la microunde până când porumbul este fraged, aproximativ 2½ minute.

69. Chiftele coreene picante

- 2 linguri. Sos coreean gochujang
- ½ linguriță. ghimbir proaspăt tocat
- ½ linguriță. suc proaspăt de lămâie
- ½ linguriță. sos de soia cu conținut scăzut de sodiu
- ½ linguriță. Miere
- 4 chiftele congelate prefierte (nedecongelate)

Amestecă împreună sosul gochujang, ghimbirul, sucul de lămâie, sosul de soia și mierea într-un 12 oz. halbă. Adăugați chiftelele și amestecați pentru a se combina.

Acoperiți și puneți la microunde până când centrele chiftelelor sunt fierbinți, 3 până la 4 minute.

70. Chiftelă parmezan

- ¼ cană plus 2 linguri. sos marinara
- 3 linguri. brânză mozzarella mărunțită
- 1 lingura. brânză Parmigiano-Reggiano rasă fin
- 4 chiftele congelate prefierte (nedecongelate)
- 1 rulou, despicat și prăjit, sau 1 felie de pâine italiană prăjită, cum ar fi ciabatta, pentru servire

Într-un castron mic spre mediu, amestecați împreună sosul marinara, ambele brânzeturi și chiftele și turnați într-un 12 oz. halbă.

Acoperiți și puneți la microunde până când centrele chiftelelor sunt fierbinți, 3 până la 4 minute. Se toarnă peste pâine.

71. Tofu chinezesc picant

- ½ cană legume prăjite congelate (nedecongelate)
- ¼ cană bulion de legume
- ½ cană cuburi de ½ inch tofu extra ferm, scurs
- 1 lingura. plus 1 lingura. sos de soia cu conținut scăzut de sodiu
- ½ linguriță. Sos Sriracha
- ½ linguriță. suc proaspăt de lămâie
- ½ linguriță. Miere
- ½ cană de orez fiert, pentru servire

Puneți legumele și 2 linguri. de bulion într-un 12-oz. cana, capacul și cuptorul cu microunde până când legumele sunt fierbinți, 3 până la 4 minute. 2. Amestecați ușor bulionul rămas, tofu, sosul de soia, Sriracha, sucul de lămâie și mierea.

Acoperiți din nou și puneți la microunde până când tofu este fierbinte, aproximativ încă 1½ minut. Serviți peste orez.

72. Quinoa mexicană cu porumb

- ¾ cană quinoa fiartă
- ¼ cană roșii coapte fără miez, fără semințe și tăiate cubulețe (aproximativ ½ roșie)
- ¼ cană buchețele de broccoli crude de ⅓ inch
- ¼ cană boabe de porumb crude (de la 1 spică mică)
- 2 linguri. salsa
- 2 linguri. amestec de brânză mexicană rasă
- ⅛ linguriță. sare cușer
- 1 lingura. frunze proaspete de coriandru tocate fin

Într-un castron mic până la mediu, amestecați toate ingredientele, apoi turnați într-un recipient de 16 oz. halbă.

Acoperiți și puneți la microunde până când broccoli este fraged, aproximativ 4 minute.

SUPE, TOCHINE ȘI ARDEI

73. Supă de brânză cu broccoli

INGREDIENTE:
- 10 uncii pachet. Broccoli congelat
- 2 cani de lapte
- ⅓ cană făină
- 1 cană apă
- 2 cani de branza Velveeta taiata cubulete
- 1 cană jumătate și jumătate
- 2 cuburi de bulion de pui

INSTRUCȚIUNI:
a) Combinați laptele, făina, apa, cuburi de bulion de pui și jumătate și jumătate într-un vas sigur pentru cuptorul cu microunde.
b) Se amestecă împreună. Adăugați broccoli și gătiți în cuptorul cu microunde câteva minute, amestecând des.
c) Se amestecă brânza și se gătește până când brânza se topește și broccoli este fraged.

74. Supă de dovleac-portocale

- ½ cană de piure de dovleac sau de dovleac
- ½ cană supă de legume sau pui cu conținut scăzut de sodiu
- ¼ cană fasole albă conservată, clătită și scursă
- 1 lingura. suc de portocale
- ¾ linguriță. sirop de arțar sau miere
- ¼ linguriță. frunze proaspete de salvie tocate
- ½ linguriță. coaja de portocala
- ⅛ linguriță. sare cușer
- 3 felii de piper negru

Se amestecă toate ingredientele într-un castron mic până la mediu, apoi se toarnă într-un recipient de 16 oz. halbă.
Acoperiți și puneți la microunde până se fierbinte, aproximativ 3 minute.

75. Supă picant de linte italiană

- ¾ cană bulion de legume
- ¾ de cană de linte cu conținut scăzut de sodiu, clătită și scursă
- ¼ cană morcovi rasi fin
- 1 lingura. pasta de tomate
- ¼ linguriță. oregano uscat
- ¼ linguriță. sare cușer
- 1/8 linguriță. fulgi de ardei rosu macinati
- 3 felii de piper negru

Într-un castron mic, amestecați toate ingredientele și zdrobiți cu un piure de cartofi. Se toarnă într-un 12 oz. halbă.
Acoperiți și puneți la microunde până când supa este fierbinte, aproximativ 3 minute.

76. Supa miso

- 1 cană supă de legume sau de pui
- O bucată de 4 inci algă kombu uscată, ruptă în jumătate
- 1 lingura. fulgi de bonito (ton uscat).
- ¼ de cană de tofu ferm cu zaruri de ¼ de inch
- 2 lingurite miso alb sau galben
- 1 lingura ceai verde tăiat felii subțiri (numai părți de culoare verde închis)

Combinați bulionul, Kombu și bonito într-un 16 oz. halbă.

Acoperiți și puneți la microunde până când este foarte fierbinte, aproximativ 2½ minute.

Se toarnă într-o strecurătoare cu plasă fină, pusă peste un castron mic, apoi se toarnă cu grijă bulionul strecurat înapoi în cană.

În bulionul din cană, adăugați tofu, miso și ceai; bateți până când misoul se dizolvă.

77. Carne de vită și fasole chili

- ½ cană fasole neagră sau pinto conservată, clătită și scursă
- ½ cană (aproximativ 3 oz) carne de vită fiartă
- ½ cană salsa de înaltă calitate
- 1 lingura ceai verde tăiat felii subțiri
- ¼ linguriță. sare cușer
- 1 lingura frunze proaspete de coriandru tocate fin
- Aproximativ 6 chipsuri tortilla
- 1 lingura guacamole, pentru servire
- 1 lingura smantana, pentru servire

Într-un castron mic, amestecați fasolea, carnea de vită, salsa, ceai și sarea și turnați într-un 12 oz. halbă.

Acoperiți și puneți la microunde până se fierbinte, aproximativ 2 minute. 3. Stropiți cu coriandru și introduceți chipsuri în jurul marginilor.

Se serveste cu guacamole si smantana.

78. Paste, fasole și tocană de roșii

- ½ cană supă de pui
- ¼ cană macaroane coate din grâu integral fierte
- ¼ cană frunze de kale proaspătă tăiate foarte subțire (tulpinile îndepărtate)
- ¼ cană fasole neagră conservată, clătită și scursă
- 3 linguri. sos marinara
- 1 lingura. Parmigiano-Reggiano sau parmezan ras fin

Într-un castron mic, amestecați bulionul, pastele, kale, fasole și sosul marinara. Se toarnă într-un 16 oz. cana si deasupra cu branza.

Acoperiți și puneți la microunde până când varza este fragedă, aproximativ 3 minute.

79. Tocană de dovleac și năut

- ¾ cană bulion de legume cu conținut scăzut de sodiu
- ½ cană de piure de dovleac sau de dovleac
- ½ cană de năut conservat, clătit și scurs
- ¼ cană frunze proaspete de spanac, spălate și uscate
- 1 lingura Miere
- ⅛ linguriță. chimen măcinat
- ⅛ linguriță. coriandru
- ⅛ linguriță. scorțișoară măcinată
- ⅛ linguriță. sare cușer
- Pâine de țară prăjită, pentru servire

Combinați bulionul, dovleacul sau dovleceii, năutul, spanacul, mierea, chimenul, coriandru, scorțișoara și sarea într-un castron mic, apoi turnați într-un bol de 16 oz. halbă.

Acoperiți și puneți la microunde până când se fierbe și spanacul este fiert, 2 până la 3 minute. Serviți cu pâinea.

80. <u>Supa Tortellini</u>

Produce: 4

INGREDIENTE:
- 1 morcov, decojit și ras
- 1 ceapă, rasă
- 2 catei de usturoi, tocati
- 2 linguri ulei de masline
- 15 uncii de roșii tăiate cubulețe fără sare adăugată
- Cutie de 15 uncii de năut cu conținut scăzut de sodiu, scurs
- 3 căni de bulion de pui cu conținut redus de sodiu
- 1 pachet de 9 uncii de tortellini cu trei brânzeturi la frigider
- 1 linguriță amestec de ierburi italiene uscate
- 2 căni de spanac proaspăt ușor ambalate
- Parmezan ras pentru servire

INSTRUCȚIUNI:
a) Combinați morcovul, ceapa, usturoiul și uleiul de măsline într-un 3-qt. bol pentru cuptorul cu microunde.
b) Se pune la microunde, descoperit, la foc mare, timp de 3 minute.
c) Se amestecă bulionul de pui, roșiile, năut, tortellini și amestecul italian de ierburi.
d) Acoperiți strâns vasul cu un capac de sticlă sau folie de plastic și gătiți timp de 8 minute la foc mare.
e) Scoateți vasul din cuptorul cu microunde, descoperiți-l cu grijă și adăugați spanacul.
f) Lăsați să stea 1 sau 2 minute pentru a permite spanacul să se ofilească.
g) Serviți cu parmezan, dacă doriți.

SALATE SI GARNURI

81. Dovleac ghindă cu nuci de pin

INGREDIENTE:
- 2 linguri de unt nesarat
- 2 linguri de zahar brun
- 1 lingurita de salvie
- 2 dovlecei ghinda, feliati
- 2 linguri nuci de pin prajite sau migdale
- sare si piper negru dupa gust

INSTRUCȚIUNI:
a) Într-o caserolă potrivită pentru cuptorul cu microunde, topește untul.
b) Se amestecă zahărul brun și salvia în unt până se combină bine.
c) Adăugați felii de dovleac.
d) Coaceți 5-10 minute în cuptorul cu microunde până când dovleceii sunt fragezi.
e) Se presară cu nuci.

82. Fasole verde la abur

INGREDIENTE:
- 1 kilogram de fasole verde proaspătă, tăiată
- 1 cană apă
- 1 lingurita sare
- ½ lingurita piper

INSTRUCȚIUNI:
a) Într-o caserolă potrivită pentru cuptorul cu microunde, adăugați apă și fasole verde.
b) Gatiti 15-18 minute sau pana se inmoaie.
c) Scurgeți apa de fasole verde și asezonați cu sare și piper.

83. Broccoli la cuptorul cu microunde

INGREDIENTE:
- 1 kilogram de broccoli
- 1 lingurita coaja de lamaie, rasa fin
- ¼ lingurita sare
- ¼ lingurita piper

INSTRUCȚIUNI:
a) Tăiați broccoli în buchețe și puneți-l într-o tavă potrivită pentru cuptorul cu microunde.
b) Adăugați ¼ de cană de apă și gătiți la cuptorul cu microunde timp de 3-5 minute.
c) Scurgeți apa de pe broccoli și asezonați cu lămâie, sare și piper.
d) Presărați broccoli cu ½ cană de brânză cheddar măruntită.
e) Puneți la microunde timp de 2 minute până când brânza se topește.

84. Cartofi curry

Randament: 4 portii
Ingredient
- 2 kilograme de cartofi cerati
- 3½ uncie eşalote; tocat mărunt
- 3½ uncie slănină afumată; tăiate cubuleţe
- Sare si piper
- ⅔ cană lapte
- 1½ linguriţă pudră de curry
- 3 uncii de brânză parmezan; răzuit

Curăţaţi cartofii şi clătiţi sub multă apă rece. Grătar
Pune şalota şi baconul într-un vas oval de Pyrex. Pune la microunde, neacoperit, la putere maximă timp de 3 minute
Se presară amestecul cu sare şi piper şi se adaugă cartofii.
Se amestecă bine şi se toarnă peste lapte. Acoperiţi şi puneţi la microunde la foc mare timp de 12 minute. Se lasa sa stea 3 minute.
Se amestecă praful de curry şi parmezanul şi se presară peste amestecul de cartofi. Cuptorul cu microunde, neacoperit, la putere maximă timp de 2 minute

85. Cartofi cu brânză cu ceapă

INGREDIENTE:

- 10 ¾ uncii cutie de supă cremă de țelină
- Pachet de 8 uncii de cremă de brânză de arpagic și ceapă
- 2 cani de cartofi congelati taiati cubulete
- ½ cană de brânză cheddar, mărunțită

INSTRUCȚIUNI:

a) Într-o caserolă potrivită pentru cuptorul cu microunde, amestecați supa și brânza cremă.
b) Puneți la microunde timp de 2 minute sau până când cremă de brânză se topește în supă.
c) Încorporați cartofii și amestecați până când sunt bine acoperiți.
d) Coaceți 10 minute în cuptorul cu microunde sau până când cartofii sunt fragezi.
e) Stropiți cu brânză cheddar și gătiți încă 2 minute până când brânza se topește.

86. Salata de quinoa cu pesto

- ¾ cană quinoa fiartă
- ¼ cană roșii coapte fără miez, fără semințe și tăiate cubulețe (aproximativ ½)
- ¼ cană buchețe de conopidă crudă de ⅓ inch
- 2 linguri. pesto
- 2 linguri. brânză mozzarella rasă

Într-un castron mic până la mediu, amestecați toate ingredientele, apoi turnați într-un recipient de 16 oz. halbă. Acoperiți și puneți la microunde până când conopida este fragedă, aproximativ 4 minute.

87. Salată chinezească de orez brun

- 1 lingura. ceai verde tăiat felii subțiri
- 2 lingurite oțet de orez neasezonat
- 2 lingurite sos de soia cu conținut scăzut de sodiu
- 1 lingura Miere
- ⅛ linguriță. usturoi tocat
- ⅛ linguriță. ghimbir proaspăt ras
- ½ cană de orez brun fiert ambalat, boabe scurte sau lungi
- ⅓ cană ambalate Edamame congelat, dezghețat
- 2 linguri. morcovi decojiti rasi fin
- 2 linguri. ardei gras rosii cu cubulete mici

Într-un castron mic, amestecați ceapa verde, oțetul de orez, sosul de soia, mierea, usturoiul și ghimbirul, apoi amestecați ingredientele rămase. Se toarnă într-un 12 oz. halbă.
Acoperiți și puneți la microunde până se încălzește, aproximativ 1 minut.

DESERTURI CU MICROUNDE

88. banana braziliană

Face: 1 porție

INGREDIENTE:
- 1 banană
- Zahar rafinat

INSTRUCȚIUNI:
a) Tăiați banana în felii subțiri.
b) Aranjați feliile pe o farfurie pentru microunde și stropiți-le cu zahăr.
c) Se pune la microunde până când zahărul se topește și banana este fiartă.
d) Serviți cald.

89. Tort funfetti pentru copii

Face: 12 porții

INGREDIENTE:
- 1 pachet amestec umed de tort galben
- 1 pachet amestec de budincă instant de vanilie
- 4 ouă
- 1 cană de apă
- ½ cană ulei Crisco
- 1 cană mini chipsuri de ciocolată demidulci
- 1 cană Mini-marshmallows colorate
- ⅔ cană glazură de tort cu strat de ciocolată
- 2 linguri mini chipsuri de ciocolată demidulci

INSTRUCȚIUNI:
a) Preîncălziți cuptorul la 350 de grade Fahrenheit.
b) Unt și făină într-o tavă de copt de 13x9x2 inci.

SA FAC TORTUL
c) Amestecați amestecul de prăjitură, amestecul de budincă, ouăle, apa și uleiul folosind un mixer electric
d) Amestecați micro chipsuri de ciocolată, apoi turnați totul în tigaie.
e) Coaceți timp de 45 de minute la 350 de grade F.

PENTRU TOPING
f) Presarati marshmallows uniform peste prajitura fierbinte imediat. Umpleți până la jumătate un castron pentru cuptorul cu microunde cu glazură.
g) Puneți la microunde timp de 25-30 de secunde la putere MARE.
h) Se amestecă până când amestecul este complet neted.
i) Stropiți peste bezele și prăjitura uniform.
j) Adăugați 2 linguri de ciocolată pe deasupra.
k) Lăsați să se răcească complet.

90. Brownies la microunde

Produce: 16 portii

INGREDIENTE:
- 4 uncii unt sau margarină
- 1 cană zahăr granulat
- 2 oua
- 1 lingurita extract de vanilie
- ½ cană pudră de cacao neîndulcită
- ⅔ cană făină
- 1 cană nuci pecan; tocat
- Zahăr pudră

INSTRUCȚIUNI:
a) Într-un castron, bate împreună untul, zahărul, ouăle și vanilia cu un mixer electric până devine ușor și pufos, timp de 1 până la 2 minute.
b) Incorporati cacao. Adaugati faina si bateti pana se omogenizeaza bine. Se amestecă cu mâna nucile pecan. Răspândiți uniform într-un vas pătrat de sticlă de 8 inci, căptușit cu hârtie ceară.
c) Gătiți la cuptorul cu microunde la putere mare timp de 3 minute.
d) Întoarceți vasul un sfert de tură și gătiți încă 2½ până la 3 minute. Lasa sa se raceasca.
e) Cerne deasupra zahăr pudră.

91. Inele de mere scorțișoară

Face: 6 portii

INGREDIENTE:
- 3 linguri de unt sau margarina
- 2 linguri suc de lamaie
- 2 linguri Miere
- ¼ linguriță scorțișoară măcinată
- 4 Mere pentru gătit; nedecojite, fără miez și tăiate în inele

INSTRUCȚIUNI:
a) Pune untul într-o tavă de copt.
b) Puneți la microunde la foc mare timp de 50 de secunde sau până când untul se topește.
c) Se amestecă sucul de lămâie, mierea și scorțișoara.
d) Puneți feliile de mere în amestecul de unt, întorcându-le pentru a acoperi ambele părți.
e) Acoperiți cu folie de plastic rezistentă.
f) Puneți la microunde la foc mare timp de 5 până la 6 minute sau până când merele sunt fragede, dând vase o întoarcere după 2 minute.
g) Lăsați să stea 2 minute înainte de servire.

92. Rocky Road Mușcături

Produce: 24

INGREDIENTE:
- 350 g chipsuri de ciocolată
- 30 g unt
- 397 g lapte condensat îndulcit
- 365 g alune prăjite uscat
- 500 g bezele albe, tocate

INSTRUCȚIUNI:
a) Tapetați o tavă de 9 x 13 inci cu hârtie rezistentă la grăsime.
b) Într-un castron sigur pentru cuptorul cu microunde, puneți la microunde ciocolata și untul până se topesc.
c) Se amestecă din când în când până când ciocolata devine netedă. Se amestecă laptele condensat.
d) Combinați arahide și bezele; se amestecă în amestecul de ciocolată.
e) Se toarnă în tava pregătită și se da la rece până se întărește. Tăiați în pătrate.

93. Bomboane coapte cu mere surpriză

INGREDIENTE:
- 4 mere roșii delicioase, fără miez și curățate de coajă
- ⅓ în jos din primele 16 bucăți de bomboane fierbinți
- 8 bezele în miniatură

INSTRUCȚIUNI:
a) Adăugați merele într-un vas pentru cuptorul cu microunde.
b) Pune o bomboană, apoi o marshmallow în centrul fiecărui măr.
c) Acoperiți vasul cu folie de plastic sau hârtie cerată.
d) Pune la microunde timp de 7 minute.
e) Adăugați un alt strat de bomboane și bezele.
f) Acoperiți și gătiți din nou timp de 5 minute.

94. Chips de mere gustos

INGREDIENTE:
- 1 conserve de umplutură de plăcintă cu mere
- 2 linguri de zahar brun
- ¼ de cană de ovăz pentru gătit instant
- 2 linguri de unt
- ½ linguriță de scorțișoară
- ¼ cană de amestec Bisquick
- Hartie cerata

INSTRUCȚIUNI:
a) Turnați o jumătate de cană de umplutură de plăcintă în fiecare fel de mâncare.
b) Într-un castron separat, amestecați Bisquick-ul, ovăzul de gătit, scorțișoara, untul și zahărul brun amestecând cu o lingură sau o furculiță până se aglomera.
c) Distribuiți acest amestec uniform între bolurile cu umplutură de mere.
d) Lăsați acest amestec crocant să rămână deasupra merelor.
e) Acoperiți bolurile cu hârtie ceară și încălziți fiecare bol individual la cuptorul cu microunde timp de 4 minute.
f) Odihnește-te timp de 10 minute pentru a se întări și a se răci înainte de servire.

95. Mini prajitura de ciocolata

INGREDIENTE:
- 4 linguri de făină universală
- 4 linguri de zahăr
- 2 linguri cacao neindulcita
- 1 ou
- 3 linguri lapte
- 3 linguri ulei vegetal
- o mână de chipsuri de ciocolată

INSTRUCȚIUNI:
a) Pulverizați o ceașcă sigură pentru cuptorul cu microunde cu spray de gătit.
b) Adăugați făină, zahăr și cacao în cana de cafea. Amestecați bine.
c) Adăugați laptele, uleiul și 1 ou. Presaram chipsuri de ciocolata deasupra.
d) Se amestecă ușor până se combină bine.
e) Puneți la cuptorul cu microunde și gătiți timp de 3 minute
f) Serviți cu o lingură de înghețată și un strop de ciocolată.

96. Tort dublu cu cana de ciocolata

INGREDIENTE:
- 2 linguri de ulei plus putin in plus
- 2 linguri de zahar
- 1 ou
- 2 linguri de făină auto-crescătoare
- 1 lingurita cacao
- 2 linguri de chipsuri de ciocolată și câteva în plus de servit
- Smântână sau înghețată și zahăr pudră de servit

INSTRUCȚIUNI:
a) Ungeți o cană rezistentă la microunde cu puțin ulei.
b) Rupeți oul în cană.
c) Adăugați uleiul și zahărul.
d) Se amestecă cu o furculiță până se omogenizează.
e) Adaugati faina si cacao si amestecati din nou pana se omogenizeaza.
f) Puneți fulgii de ciocolată în ceașcă deasupra amestecului.
g) Puneți la microunde la putere maximă timp de un minut.
h) Urmăriți cum prăjitura se ridică în partea de sus a cănii.
i) Scoateți cu grijă din cuptor.
j) Stropiți cu puțin zahăr pudră, înghețată și încă câteva bucăți de ciocolată pentru a servi.

97. Prăjitură cu biscuiți cu zahăr

INGREDIENTE:
- 2 linguri înlocuitor de ou
- 2 linguri de unt, înmuiat
- ⅓ cană făină
- 3 linguri de zahar
- 1 lingurita de vanilie
- 3 linguri jumatate jumatate sau lapte
- 2 linguri de stropi de curcubeu
- 1 cană de zahăr pudră
- 2-3 picături de colorant alimentar roz sau roșu

INSTRUCȚIUNI:
a) Într-un castron, amestecați înlocuitorul de ou, untul, făina, zahărul, vanilia, 2 linguri de jumătate și jumătate și 1 lingură de stropi curcubeu.
b) Puneți într-o cană suplimentară.
c) Puneți la microunde timp de 60 de secunde, ștergeți oricare dintre aluatul care a făcut bule peste margine, apoi întoarceți-vă la cuptorul cu microunde pentru încă 30 de secunde.
d) Scoateți tortul și puneți-l la frigider.
e) În timp ce se răcește, amestecați zahărul pudră, 1 lingură jumătate și jumătate și colorantul alimentar.
f) Stropiți peste un tort ușor cald.

98. Briose englezești cu dovleac

Face: 1 PORȚIE

INGREDIENTE:
- ¼ cană făină de caju sau făină de migdale
- 1 lingură făină de cocos
- ¼ lingurita de bicarbonat de sodiu
- ¼ de linguriță de condiment pentru plăcintă cu dovleac
- un praf de sare cușer
- 1 ou
- 2 linguri piure de dovleac
- 2 linguri lapte de migdale neîndulcit

INSTRUCȚIUNI:
a) Combinați făina, bicarbonatul de sodiu, condimentele și sarea într-un castron.
b) Adăugați oul, dovleacul și laptele și amestecați până se omogenizează bine.
c) Unge un ramekin cu spray de copt.
d) Transferați aluatul în ramekin, neteziți partea superioară și puneți la microunde aproximativ 2 minute până când se umflă și centrul este fixat.
e) Scoateți din ramekin, tăiați în jumătate și prăjiți.

99. Biscuiți cu cheddar și ierburi

Produce: 1

INGREDIENTE:
- 4 linguri de făină universală
- ½ linguriță de praf de copt
- ⅛ linguriță sare
- ½ lingură unt rece
- 3½ linguri lapte
- 2 linguri de brânză cheddar, rasă
- 2 lingurite ierburi tocate

INSTRUCȚIUNI:
a) Într-o cană pentru microunde, amestecați făina, praful de copt și sarea.
b) Folosind o furculiță, frecați untul tăiat cubulețe în ingredientele uscate.
c) Se amestecă laptele, brânza și ierburile până când amestecul formează un aluat.
d) Puneți la microunde aproximativ 1 minut.

100. Plăcintă cu spaghete

Face: 4 portii

INGREDIENTE:
- 8 uncii Cârnați italieni blânzi sau fierbinți
- 2 cani de ciuperci feliate
- 1 ceapa, tocata
- 1 catel de usturoi, tocat marunt
- 1½ linguriță oregano uscat
- 2 cani de sos de paste rosii
- 2 cesti buchetele de broccoli
- 3 căni de spaghete gătite sau alte paste de sfoară/6 oz nefierte
- 1½ cană brânză mozzarella mărunțită parțial degresată

INSTRUCȚIUNI:
a) Preîncălziți cuptorul la 350 de grade Fahrenheit.
b) Gătiți carnea cârnaților într-o tigaie la foc mediu-mare timp de 4 minute, rupând-o cu o lingură de lemn sau până când nu mai este roz.
c) Se strecoară lichidul printr-o sită pentru a elimina orice grăsime. Întoarceți oala la aragaz.
d) Amestecați ciupercile, ceapa, usturoiul și oregano timp de 3 minute sau până când legumele se înmoaie. Acoperiți și gătiți timp de 10 minute cu sosul de pastă de roșii
e) Clătiți broccoli și puneți-l într-o caserolă cu capac.
f) Puneți la microunde timp de 2 până la 212 minute la maxim sau până când este verde strălucitor și aproape fraged. Scurgeți după clătire cu apă rece.
g) Pe o farfurie de plăcintă, stratificați spaghete. Întindeți sos de vită pe fundul cratiței, apoi adăugați broccoli și brânză deasupra.
h) Coaceți aproximativ 25 până la 30 de minute sau până când brânza se topește.

CONCLUZIE

În concluzie, Cartea de gătit cu microunde este un must-have pentru oricine caută să-și simplifice rutina de gătit fără a sacrifica aroma și nutriția. Cu o gamă largă de rețete din care să alegi, nu vei fi niciodată lipsit de idei pentru mese rapide și ușoare. De la micul dejun la cină, gustări și chiar deserturi, există ceva pentru toată lumea în această carte de bucate.

Așadar, ia-ți vasele care pot fi folosite în cuptorul cu microunde și haideți să gătim! Cu puțină creativitate și ingredientele potrivite, poți face mese sănătoase și delicioase în cel mai scurt timp. Sperăm să vă bucurați să încercați aceste rețete și să descoperiți numeroasele beneficii ale gătitului cu un cuptor cu microunde. Gătit fericit!

www.ingramcontent.com/pod-product-compliance
Lightning Source LLC
LaVergne TN
LVHW021710060526
838200LV00050B/2594